Rapport De Mm. Le Marquis De Cadusch, Brulley & De Pons, Nommés Commissaires Pour L'examen De La Déclaration Sur Interprétation, Par M. Le Gouverneur Général De Saint-domingue.

Cadusch, marquis de, Brulley, Augustin Jean, Saint-Domingue. Assemblée générale

RAPPORT

De MM. *le marquis* De Cadusch, Brulley
& De Pons, *nommés commissaires pour l'examen
de la* Déclaration *sur interprétation, par* M. *le
gouverneur général de Saint-Domingue.*

AU PORT-AU-PRINCE;

Chez Bourdon, imprimeur du Roi & de
l'Assemblée générale.

1790.

RAPPORT

DE MM. le marquis DE CADUSCH, BRULLEY
& DE PONS, commissaires nommés par l'Assemblée
générale de la partie françoise de Saint-Domingue,
suivant son décret du premier juillet 1790, à l'effet
d'examiner & analyser un imprimé portant pour titre:
Déclaration de M. le gouverneur général sur
l'interprétation des décrets de l'Assemblée nationale des 8 & 2 8 mars dernier, signée le comte de
Peinier, dont la teneur suit.

DÉCLARATION de M. le gouverneur général, sur
l'interprétation des décrets des 8 & 28 mars.

J'AI reçu officiellement les décrets des 8 & 28 mars, & à
la suite du second de ces décrets j'ai lu : « Décrète en
» outre que le Roi sera supplié d'adresser incessamment lesdites
» instructions, ainsi que le présent décret, & celui du 8 de
» ce mois, concernant les colonies, aux gouverneurs
» établis par Sa Majesté dans lesdites colonies, lesquels obser-
» veront & exécuteront lesdites instructions & décrets, en
» ce qui les concerne, à peine d'en être responsables, &
» sans qu'il soit besoin de l'enregistrement & de la publica-
» tion d'iceux par aucuns tribunaux.
» Au surplus, &c.

A 2

» Le Roi a fanctionné & fanctionne ledit décret ; en con-
» féquence, ordonne qu'il fera envoyé, ainfi que la procla-
» mation de Sa Majefté fur le décret du 8 mars dernier , &
» l'inftruction adreffée par l'Affemblée nationale à la colonie
» de Saint-Domingue , à laquelle font annexées &c. au
» gouverneur de cette colonie , auquel Sa Majefté *mande &*
» *ordonne de les obferver & faire exécuter en ce qui le con-*
» *cerne.* »

Ainfi ma conduite eft rigoureufement tracée ; l'ordre *d'ob-*
ferver les décrets des 8 & 28 Mars *& de les faire exécuter*,
en ce qui me concerne, eft impérieux , & je fuis même *ref-*
ponfable de cette exécution ; *l'Affemblée nationale l'a décrété.*

Dans cette fituation je ne puis pas craindre de voir blâmer
ma conduite ultérieure, car il n'eft perfonne qui ne foit convaincu , d'après les citations que je viens de faire , qu'elle eft
de néceffité abfolue , & qu'elle eft pour moi un devoir facré.

Mais ce devoir n'eft pas le feul que j'aie à remplir. Dans
cette pofition auffi intéreffante pour la colonie qu'elle lui a
été inconnue jufqu'à ce jour , il eft de la plus haute importance que l'interprétation & le développement des décrets des
8 & 28 mars foient uniformes , & qu'il n'y ait qu'une feule
opinion fur les pouvoirs que les repréfentans des citoyens
François de Saint-Domingue , réunis en Affemblée coloniale,
doivent tenir de leurs conftituans , & fur les fonctions & l'autorité accordées au gouverneur général par les décrets des
8 & 28 mars , pour leur exécution ultérieure.

La bonne foi & la plus légère attention interpréteront fans
erreurs ces décrets , qui vont amener la régénération de
la colonie , & affurer fa félicité à venir & comment crain-
droit-on une diverfité d'opinions fur cette interprétation importante, lorfque des conditions auffi fimples fuffifent pour
développer complétement le texte & l'efprit des volontés
nationales ?

C'eft à moi à donner le premier exemple de la loyale franchife avec laquelle il eft convenable d'annoncer les
principes qui doivent diriger la conduite du corps politique,
& celle du repréfentant du Prince ; & j'offre ici à la colonie
l'hommage de ce devoir, parcequ'il peut contribuer à affurer la tranquillité & la félicité publiques.

Cette déclaration paroîtra peut-être prématurée dans un
moment où le vœu de toutes les paroiffes fur la confirma-
tion de l'Affemblée n'eft pas connu, & où l'Affemblée coloniale actuelle n'a d'autre exiftence politique que celle déterminée par ces mots du troifième article des inftructions décrétées le 28 mars : « Si au contraire elle juge fa conti-
» nuation plus avantageufe à la colonie, elle pourra com-
» mencer à travailler fuivant les indications de l'Affemblée
» nationale, *mais fans pouvoir ufer de la faculté accordée*
» *aux Affemblées coloniales de mettre à exécution certains*
» *décrets* (1), *jufqu'à ce que l'intention de la colonie rela-*
» *tivement à fa continuation ait été conftatée*, par les formes
» qui feront indiquées ci-après ».

Mais comme l'inftant où le vœu des paroiffes fera connu
eft très-prochain, il me paroît convenable d'annoncer avec
franchife, dès ce moment, comment ma confcience dirigera
la conduite que me tracent les décrets des 8 & 28 mars.

La feconde partie de l'article III du premier de ces décrets, promet une inftruction de l'Affemblée nationale, qui
doit établir *les bafes générales* (2) *auxquelles les Affemblées*
coloniales devront fe conformer dans les plans de conftitution
qu'elles préfenteront.

L'article I V ordonne que « *les plans préparés dans*

---

(1) Ces décrets font ceux fur les municipalités & fur les affemblées adminiftratives, comme on le voit dans l'article V du décret du 8 mars.
(2) Ces bafes générales forment les articles X V I, X V I I & X V I I I des inftructions décrétées le 28 mars pour la colonie de Saint-Domingue.

» lesdites *Assemblées coloniales seront soumis à l'Assemblée*
» *nationale, pour être examinés, décrétés par elle, & présentés*
» *à l'acceptation & à la sanction du Roi.* »

Ainsi l'Assemblée nationale ne donne à l'Assemblée coloniale de Saint-Domingue que la faculté consultative, que le
droit de faire les meilleurs plans sur la constitution de la
colonie.

Mais l'Assemblée nationale supposant qu'une partie de
ses décrets sur les municipalités & sur les assemblées administratives , peut s'accorder avec cette constitution qui convient à la colonie ; elle donne à l'Assemblée coloniale , par
l'article V du même décret du 8 mars, *le pouvoir de mettre à*
exécution la partie desdits décrets qui peut s'adapter aux con-
venances locales , sauf la décision définitive de l'Assemblée
nationale & du Roi , sur les modifications qui auroient pu y
être apportées , & la sanction provisoire du gouverneur pour
l'exécution des arrêtés qui seront pris par les assemblées
administratives.

Il suit rigoureusement de l'esprit & de la lettre de ces articles, que l'Assemblée coloniale est purement consultative
pour le travail de la constitution qui convient à la colonie,
& qu'elle n'a d'activité législative que pour l'exécution de
la partie des décrets sur les municipalités & les assemblées
administratives , qui peut s'adapter aux convenances locales ;
que ces décrets ainsi modifiés , (1) c'est-à-dire , qui auront
subi des retranchemens, mais non des changemens , & encore
moins des additions , devront reparoître devant l'Assemblée
nationale & le Roi , pour que leur exécution, accordée pro-
visoirement par cet article V , soit définitive & absolue.

La sanction du gouverneur général n'est pas prescrite pour
l'exécution des décrets portant établissement des municipalités

_____

(1) Modification est le mot textuel. Voyez l'article V du décret du 8 mars.

& des assemblées administratives , parceque ces décrets sont
déjà sanctionnés par le Roi ; & en effet , l'Assemblée coloniale n'ayant que le droit d'y faire des modifications , c'est-
à-dire , des retranchemens , il est évident que la partie littérale
de ces décrets qui sera mise à exécution dans la colonie ,
n'a pas besoin d'y recevoir une sanction subalterne , puisque
l'ouvrage total ayant reçu la sanction suprême , chacune des
parties qui pourra être adoptée est revêtue de cette sanction
suprême.

Mais dès que les assemblées administratives seront établies ,
les arrêtés qu'elles auront droit de faire , d'après les fonctions
que leur attribue le décret de l'Assemblée nationale du 22
décembre 1789 , portant établissement des assemblées administratives , ne pourront avoir d'exécution qu'avec la sanction
du gouverneur général. Telle est la lettre de l'article V du
décret du 8 mars , sauf *la sanction provisoire du gouverneur
pour l'exécution des arrêtés qui seront pris par les assemblées
administratives.*

Ainsi l'Assemblée coloniale a , par l'article III & par l'article
IV , le droit de faire des *plans* pour la constitution , & par
l'article XVI des instructions décrétées le 28 mars; l'Assemblée
nationale rappelle à l'Assemblée coloniale que ses fonctions lui
ont indiquées par son décret du 8 mars , pour le travail
de la constitution ; & elle lui prescrit à cet effet , dans les
articles XVII & XVIII suivans , les maximes [1] auxquelles
elles doit se conformer à cet égard.

Ces maximes qui doivent diriger le travail de la constitution

---

[1] L'Assemblée nationale ayant invité la colonie à lui demander tout ce qui peut
déterminer sa sûreté & sa prospérité , il n'est pas douteux qu'elle a laissé à l'Assemblée
coloniale le droit de s'écarter de ces maximes dans les plans qu'elle proposera , si elle
démontre que ces maximes pourroient blesser les droits de Saint-Domingue : & quel
inconvénient y auroit-il à laisser à la colonie la faculté d'user de cette liberté , puisqu'il
ne s'agit que de plans à présenter?

font, article XVII : » Que les loix deftinées à régir les colo-
» nies, méditées & préparées dans leur fein, ne fauroient
» avoir une exiftence entière & définitive avant d'avoir
» été décrétées par l'Affemblée nationale & fanctionnées par
» le Roi ; que fi les lois purement intérieures peuvent être
» provifoirement exécutées avec la fanction du gouverneur,
» & en réfervant l'approbation définitive du Roi & de la
» légiflature françoife, les lois propofées qui toucheroient
» aux rapports extérieurs, & qui pourroient en aucune
» manière changer ou modifier les relations entre les colonies
» & la métropole, ne fauroient recevoir aucune exécution,
» même provifoire, avant d'avoir été confacrées par la volon-
» té nationale ; n'entendant point comprendre fous la
» dénomination de lois [1] les exceptions momentanées
» relatives à l'introduction des fubfiftances qui peuvent avoir
» lieu à raifon d'un befoin preffant, & avec fanction du gou-
» verneur ; » & Article XVIII : « Que le Roi des François
» eft dans la colonie, comme dans tout l'empire, le dépofi-
» taire fuprême du pouvoir exécutif, de cette partie de la puif-
» fance publique ; que les tribunaux, l'adminiftration, les
» forces militaires le reconnoîtront pour leur chef ; qu'il fera
» repréfenté dans la colonie par un gouverneur qu'il aura
» nommé & qui exercera provifoirement fon autorité, mais
» fous la réferve toujours obfervée de fon approbation défi-
» nitive ».

Mais en attendant que la conftitution faite par l'Affemblée
coloniale, d'après ces maximes, foit décrétée par l'Affemblée nationale & fanctionnée par le Roi, l'Affemblée coloniale

---

[1] Il fuit de cette déclaration de l'Affemblée nationale que les réglemens relatifs à
l'introduction des fubfiftances ne font point foumis aux conditions auxquelles les lois
devront être affujéties, & qu'ainfi l'Affemblée coloniale peut réclamer pour ces
introductions momentanées, la fanction du gouverneur général, toutes les fois que le
befoin le lui prefcrira.

ne peut

ne peut mettre en activité, je le répète, que la partie des décrets de l'Assemblée nationale sur les municipalités & les assemblées administratives, qui peut s'adapter aux convenances locales. *La partie desdits décrets* sont les mots de l'article V ; ainsi l'Assemblée coloniale ne peut faire ni changemens [I] ni additions ; elle peut retrancher, mais non reconstruire ni ajouter.

Telle est l'interprétation des décrets qui dirigeront sans doute la conduite de l'Assemblée coloniale, & qui sont les guides rigoureux de celle que je tiendrai invariablement.

J'ignore si les intérêts de la colonie exigeoient qu'une plus grande somme de pouvoir fût confiée à l'Assemblée coloniale, avant que la constitution qui doit le régler fût faite & proposée ; mais quand je réfléchis que tout ce qui a rapport à la tranquillité publique, à la sûreté & à la liberté individuelles, sera assuré aux citoyens françois de Saint-Domingue, dès que l'Assemblée coloniale aura établi les municipalités, que l'article V du décret du 8 mars l'autorise à créer ; & d'un autre côté, quand j'examine que l'administration des finances, l'assiette, la perception & la destination de l'impôt ; l'éducation publique, le soin des hôpitaux & des vagabonds, la direction des travaux publics (2) &c. &c. seront confiés aux colons, du moment où leurs représentans auront établis les assemblées administratives, que le même article V du décret du 8 mars les autorise à créer ; il me semble démontré que tout ce qui est urgent dans la régénération dont nous desirons voir jouir la colonie, lui est permis & accordé. Le reste tient à la constitution, à la législation & aux rapports commerceaux, &

---

[1] L'Assemblée coloniale, dans son travail du 20 mai sur les municipalités, s'est écartée de cette loi, mais alors elle ne lui étoit pas officiellement connue.

(2) Fonctions attribuées aux assemblée administratives par le décret national sur leur établissement, du 22 décembre 1789.

B

ces objets font fi majeurs, ils font d'une importance fi haute, ils exigent tant de maturité & de réflexion, qu'il ne paroîtra étonnant à perfonne que l'Affemblée nationale n'ait permis à cet égard à l'Affemblée coloniale aucune exécution provifoire, qu'elle lui ait demandé feulement des *plans*, & qu'elle ait cru convenable de ne lui donner en un mot qu'une exiftence *confultative* fur tous ces objets,

Si, comme je dois en être convaincu, l'Affemblée coloniale fe conduit d'après ces principes, dont la fouveraineté fuprême lui fait une loi (1) de ne pas s'écarter, le bonheur de la colonie, fa tranquillité actuelle, fa régénération, fa profpérité future font affurés; & je concourrai à cette intéreffante & glor'eufe tâche, avec la douce & pleine fatisfaction qu'elle infpire à tout homme vertueux & fenfible, avec le zèle d'un vrai citoyen françois, avec l'empreffement animé dont le chef de la nation a donné le modèle impofant & l'exemple refpectable. Mais je ne puis m'écarter de ces principes, je le dis hautement, parceque, fi j'ofois me le permettre, je ferois coupable envers ce chef augufte, qui a revêtu de fa fanction ces décrets, guides rigoureux de ma conduite; je ferois coupable envers la nation dont les repréfentans les ont décrétés; je ferois coupable envers la loi, dont je viens de préfenter le développement.

Signé, le Comte DE PEINIER.

Ejus eft legem interpretari, cujus eft legem condere.

LES commiffaires fouffignés, examen fait de l'imprimé ci-deffus, eftiment que M. le gouverneur général s'eft à la

(1) L'article XVI des inftructions prefcrit formellement à l'Affemblée coloniale de fe conformer au décret du 8 mars; voici les termes: » Et remplira les fonc- » tions indiquées par le décret de l'Affemblée nationale du 8 mars ».

fois rendu coupable d'une usurpation sur le pouvoir législatif, d'un attentat contre la majesté de l'Assemblée nationale, d'une violation des droits de la partie françoise de Saint-Domingue, & du crime de despotisme.

Preuve d'usurpation du pouvoir législatif.

L'interprétation est l'explication d'une loi obscure, ambiguë, ou équivoque : c'est la détermination fixe du sens qu'on doit y attacher : c'est la manifestation plus claire de l'intention du législateur : c'est enfin la loi elle-même mieux énoncée : cette fonction appartient incontestablement & exclusivement au législateur ; car nul ne peut manifester l'intention que celui en qui elle réside. M. le gouverneur général dont les pouvoirs & les fonctions n'embrassent que la partie exécutive, n'a donc pu se permettre l'interprétation de ces décrets sans se rendre coupable d'une usurpation manifeste sur le pouvoir législatif.

Preuve d'attentat contre la majesté de l'Assemblée nationale.

M. le gouverneur général a commis un attentat contre la majesté de l'Assemblée nationale; car en interprétant les décrets qui en sont émanés il fait un acte de souveraineté ; il s'érige en censeur de l'Assemblée nationale & en législateur absolu & unique de la partie françoise de Saint-Domingue. Il n'a pas craint de porter une main sacrilège sur ces décrets dont les principes ont excité la reconnoissance & la joie, & auxquels il ne manquoit pour recueillir la bénédiction générale de Saint-Domingue que d'être mis à exécution par un général qui en respectât l'esprit, & qui ne s'obstinât pas à rendre la colonie victime de la lettre.

Preuve de la violation des droits de la partie françoise de Saint-Domingue.

M. le gouverneur général a-t-il violé les droits de Saint-Domingue ? » la loi eft l'expreffion de la volonté générale; » tous les citoyens ont droit de concourir perfonnellement » ou par leurs repréfentans à fa formation. » Les décrets·de l'Affemblée nationale concernant les colonies , ont été rendus fans le concours des citoyens de Saint-Domingue ; l'Af-femblée nationale a jugé elle-même que la repréfentation de Saint-Domingue auprès d'elle eft infuffifante pour obliger une partie auffi importante de l'empire françois. Elle a fage-ment décrété que les différences locales exigent une conftitu-tion particulière , & que les repréfentans de la colonie feuls ont le droit de la faire. Il réfulte naturellement de ce principe que l'Affemblée générale a exclufivement le droit de confentir l's lois à la formation defquelles la colonie n'a pas fuffifam-ment concouru. Elle feule doit décider fi ces lois font com-patibles avec les convenances locales ou particulières, & l'Af-femblée nationale l'a fi bien prévu , qu'elle déclare *ne pas en-tendre affujétir la colonie à des lois qui feroient incompati-bles avec les convenances locales ou particulières.* Sous ce point de vue la conduite de M. le gouverneur général pré-fente encore aux commiffaires l'affligeante perfpective d'un intermédiaire entre la partie françoise de Saint-Domingue & l'Affemblée nationale. Il eft d'autant plus important d'écar-ter cet intermédiaire, qu'étant ainfi privés de l'avantage & de la prérogative de correfpondre directement & immédiate-ment avec l'Affemblée nationale , le gouverneur fe conftitue dans le droit tyrannique d'altérer par une interprétation arbi-traire des lois bienfaifantes & régénératives. Les droits de Saint-Domingue font donc violés par celui qui devoit d'au-

ant plus les respecter que le Roi lui en a confié la pro-
ection & la défense.

Preuve de despotisme.

La constitution parfaite d'un état quelconque, consiste
principalement dans la distinction des pouvoirs ; leur réunion
constitue le despotisme. M. le gouverneur général, en interprétant des lois qu'il devoit respecter sous tous les rapports, a
fait un acte du pouvoir législatif. Il a réuni ce pouvoir avec
la portion du pouvoir exécutif qu'il a déjà en main. M. le
gouverneur général est donc coupable au premier chef du
crime de despotisme. Ainsi la partie françoise de Saint-Domingue en proie, depuis son recours à la France, à toutes
les horreurs de l'arbitraire & de la vexation, ne participe-
roit en rien à la régénération de l'empire ! Ainsi le seul changement que son organisation politique éprouveroit seroit de
passer des mains de deux administrateurs dans celles d'un seul !
ainsi, pour prix de sa contribution à la prospérité de l'empire, elle seroit régie plus despotiquement qu'elle ne l'a été
jusqu'à présent ! ainsi aux dangers d'un climat destructeur se
joindroit la forme d'un gouvernement vexatoire !
M. le gouverneur général est donc bien coupable envers
l'Assemblée nationale, envers l'Assemblée générale de la partie françoise de Saint-Domingue & envers la nation en général. Examinons s'il l'est par le fait.

Principes généraux de l'interprétation.

L'interprétation étant le développement des principes sur
lesquels la loi est rendue, il faut nécessairement y remonter
pour donner à la loi la clarté & la précision dont son ambi-
guïté l'avoit privée. Toute autre manière d'interpréter est vi-

cieufe, & devient coupable fur-tout quand elle a pour obje
comme dans la circonftance , de conftituer le defpotifme , &
de rendre nuls les bienfaits de la régénération que l'Affemblé
nationale a étendus jufques fur cette partie de l'empire fran
çois. Or , les principes confignés dans le décret du 8 mar
font :

1°. Que l'Affemblée nationale veut faire jouir les coloni
des fruits de l'heureufe régénération qui s'eft opérée da
l'empire françois.

2°. Qu'elle n'a pas entendu les comprendre dans la conf
tution du royaume.

3°. Que l'Affemblée nationale n'entend pas les affujétr
des lois qui feroient incompatibles avec leurs convenances l
cales ou particulières.

Le feul moyen naturel , honnête & impartial d'interprét
les articles des décrets des 8 & 28 mars , étoit donc de 1
fubordonner à la profpérité, au bonheur & aux convenanc
locales ou particulières de Saint-Domingue ; & en établiffa
ainfi cette combinaifon , M. le gouverneur général aur
jugé par ce rapprochement de l'efprit de la loi avec la lettr

1°. Que fes prétentions & fa conduite font ce qu'il y e
jamais de plus incompatible avec les convenances locales
particulières.

2°. Que pour prononcer fur ce qui convient à la par
françoife de Saint-Domingue , il faut des connoiffances l
cales , il faut être directement intéreffé à fa profpérité, il fa
des pouvoirs que la colonie affemblée peut feule déléguer.

3°. Que l'Affemblée générale dès repréfentans de Sai
Domingue a feule le droit d'énoncer le vœu de la colonie
d'adapter les difpofitions du décret du 8 mars & des inftru
tions décrétées le 28 du même mois aux convenances loca
ou particulières , & que cette faculté eft accordée par
principes qui fervent de bafes à ces décrets.

Interprétation vicieuse.

Quelle règle a fuivi M. le Gouverneur général ? celle de l'ambition & du caprice. Pour interpréter les difpofitions du décret & des inftructions qui l'accompagnent, il n'a confulté que ces mêmes difpofitions ; il leur a affigné le fens conve-nable à l'extenfion de fes pouvoirs ; il s'eft créé par cette déclaration interprétative, le repréfentant des régénérateurs de l'empire & du reftaurateur de la liberté françoife : il s'eft conftitué defpote d'autant plus dangereux que fon exiftence éphémère dans la colonie lui en rend la profpérité indiffé-ente ; que ces bafes tyranniques ainfi pofées, fon rappel ou fa retraite ne procureroient à Saint-Domingue qu'un nou-eau défintéreffé, qu'un nouveau defpote, qu'un nouvel oppreffeur, qui à fon tour faifant confifter fa gloire à aug-menter ou à confolider les prérogatives de fa place, enché-roit encore fur les vexations de fon prédéceffeur.

Nous ne détaillerons pas la manière inexacte & vicieufe avec laquelle le gouverneur général s'eft permis cette inter-prétation. Coupable dans le fond, il lui étoit impoffible de ne pas l'être dans la forme.

Nous ne difons pas combien l'authenticité qu'il lui a donnée eft criminelle ; combien fa publicité [1] contribue à exciter les divifions ; mais ce que nous ne pouvons taire, c'eft qu'impaffible comme la loi, le gouverneur eft obligé de la faire exécuter. Il ne doit s'expliquer & mettre en avant fes opi-nions que pour juftifier la confiance qu'il a reçue du Monar-que, pour contribuer par l'exercice de la portion du pou-voir dont il eft revêtu à la profpérité & au bonheur de la colonie.

_____

(1) Tout individu, *de quelque couleur qu'il fût*, qui fe préfentoit à la pofte, recevoit ttis un exemplaire de la déclaration de M. le gouverneur général.

Nous ne dirons pas combien une conduite oppofée eft coupable.

Nous écartons des yeux de l'Affemblée générale le finiftre tableau des malheurs auxquels l'imprudence, les écarts politiques & les prétentions du gouverneur font fur le point de facrifier la colonie.

Nous n'expoferons pas la noirceur des projets que le gouverneur manifefte en étendant fur les difpofitions de la loi un pouvoir dont la feule exécution eft le vrai cercle.

Obfervations effentielles.

Il eft pourtant effentiel d'obferver :

1° Que l'Affemblée nationale a décrété qu'il devoit réfider à Saint-Domingue un pouvoir légiflatif, que fon organifation doit être déterminée par l'Affemblée générale, que fes fonctions s'étendent fur tout ce qui concerne la conftitution, la légiflation & l'adminiftration.

2° Que le gouverneur général prétend détruire ce bienfait inappréciable de l'Affemblée nationale par une reftriction perfide des pouvoirs de l'Affemblée générale : il commence par déclarer qu'elle ne peut faire mettre à exécution, fans la fanction du gouverneur, que les décrets relatifs aux municipalités & aux affemblées adminiftratives, & par une interprétation infidieufe du feul mot *modification*, il finit par s'oppofer à l'exécution de ces mêmes décrets fous prétexte de fa refponfabilité.

Ainfi la colonie feroit livrée aux malheurs de l'anarchie parcequ'il plaît à M. le gouverneur d'interpréter le mot *modification* par celui de *retranchement !* tandis que fa fignification naturelle, fimple & unique *eft de donner à un acte quelconque les caractères de convenance qui lui manquoient poir être adapté à fon objet.* En remontant au principe du
décre

décret de l'Assemblée nationale qui porte *qu'elle n'entend point nous assujétir à des lois incompatibles avec nos convenances locales ou particulières* ; peut on sans insulter à la bienfaisance de l'Assemblée nationale , & blesser les droits de Saint-Domingue , l'interpréter différemment ?

Il résulte du sophisme dangereux du gouverneur général que sa responsabilité l'empêche de permettre l'organisation des corps dont l'exercice peut seul rétablir & maintenir la paix dans la colonie : comme s'il étoit préposé pour perpétuer le désordre , & comme s'il n'étoit responsable que de la tranquillité intérieure !

L'Assemblée générale a pu & dû faire à ces décrets les modifications nécessaires, c'est-à-dire *les changemens , additions ou suppressions exigés par les convenances locales.* Comptable à ses constituans du pouvoir qu'ils lui ont confié , pouvoit-elle sans crime différer un seul instant d'ordonner l'exécution de ces décrets , qui seuls peuvent leur assurer le retour & le maintien de l'ordre , si essentiel au bonheur & à la prospérité. Eh! de quel crime n'est pas coupable celui qui , obligé par état de faire exécuter ces décrets , prétend avoir le droit de s'y opposer.

Sanction incompatible avec la responsabilité.

Nous passerons rapidement sur l'opiniâtreté du gouverneur à se réserver , par une sanction inconstitutionnelle , le droit d'arrêter l'exercice du régime intérieur. Il est superflu d'ajouter ici des réflexions à celles qui ont déjà été faites à ce sujet. Il sait lui-même que sans l'inviolabilité de sa personne sa sanction deviendroit illusoire. Il déclare au contraire sans cesse qu'il est *responsable* , & à moins que par une suite de sa manière d'interpréter, il n'attache la même idée aux mots *responsable* & *inviolable*, il ne peut croire lui-même à la légitimité de la sanction qu'il réclame.

C

Il reste à examiner si cette sanction n'est pas un moyen de se procurer l'inviolabilité.

L'inviolabilité est le résultat de la sanction.

On n'est responsable qu'envers ceux à qui l'offense nuit : or, les écarts du gouverneur de Saint-Domingue ne nuiroient qu'à Saint-Domingue même, & ses représentans sont sans doute seuls intéressés & seuls compétens pour dénoncer ces délits. Si tous les décrets de l'Assemblée générale doivent être sanctionnés par lui avant l'exécution, ceux qui tendroient à le convaincre & à le dénoncer lui-même, y seroient également sujets, les sanctionneroit-il? non: Il ne seroit donc pas possible de prononcer contre lui; ainsi il seroit *inviolable.* Est-ce l'intention de l'Assemblée narionale? est-il possible que ce soit celle du Roi? les principes fondamentaux de la monarchie françoise s'y opposent formellement. « *Le Roi seul* » *est inviolable dans l'empire françois; lui seul qui plane sur* » *tous les intérêts a donc le droit de sanction.* »

S'il étoit besoin d'entasser des preuves pour constater les contradictions dans lesquelles M. le gouverneur est tombé, il suffiroit de lire les premières périodes de sa *déclaration sur interprétation.* Des caractères majuscules annoncent que son devoir sacré est de faire observer & exécuter, en ce qui le concerne, ce décret & ses instructions. Voilà ses mots; mais quels sont ses faits? a-t-il communiqué ce décret & ces instructions à l'Assemblée générale? ne s'est-il pas borné à envoyer ces pièces précieuses, & à les faire parvenir à l'Assemblée générale par une main étrangère? les a-t-il notifiés aux assemblées provinciales dont elles devoient naturellement opérer la dissolution? Au contraire, on l'a vu servir avec empressement l'insurrection d'une de ces assemblées, à laquelle la colonie doit tous les désordres existant dans son sein, & les apparences des plus grands malheurs.

Sa coalition avec cette Assemblée est donc coupable & destructive de toute subordination politique.

Ce gouverneur semble attacher la même idée aux mots *communiquer* & *notifier*, & d'après cette fausse interprétation, il n'a reconnu aucune différence entre l'Assemblée générale & les assemblées provinciales ; il a au contraire accordé son affection & sa prédilection à la seule assemblée provinciale du nord ; il lui reconnoît tous les pouvoirs qu'elle s'est arrogés & qu'elle exerce avec un despotisme effrayant.

Doutes du gouverneur sur les pouvoirs de l'Assemblée générale.

Quant à l'Assemblée générale, après s'être félicité de l'heureuse interprétation qu'il a donnée au décret du 8 mars & des instructions, il dit : « J'ignore si les intérêts de la colonie » exigeoient qu'une plus grande somme de pouvoir fût con- » fiée à l'Assemblée coloniale. » La réponse est facile & littéralement conforme à une partie des instructions (page 13, de l'imprimerie de Mozard) « au-delà de ce qui constitue » les rapports fondamentaux des colonies à la métropole, » elle n'a voulu rien ajouter (l'Assemblée nationale) qui pût » imposer quelques limites à la liberté des Assemblées colo- » niales. »

Quelles sont donc les bornes politiques de l'Assemblée générale ? les mêmes que celles de la colonie.

C'est ainsi que ce gouverneur invoque le décret & les instructions de l'Assemblée nationale, qu'il n'observe que dans des parties isolées qu'il tronque, change ou altère selon ses vues particulières. Cette conduite est bien éloignée *de la franchise & de la loyauté dont il dit lui-même devoir donner le premier exemple.*

CONCLUSION.

Une plus longue diſſertation paroît ſuperflue : ſa conduite eſt blâmable dans tous ſes points. Les commiſſaires demandent que l'Aſſemblée générale veuille bien ouvrir la diſcuſſion ſur ces obſervations , & dans le cas où les réſultats ſeroient conformes à leur opinion, ils propoſent le décret ſuivant.

PROJET DE DÉCRET.

L'Aſſemblée générale de la partie françoiſe de Saint-Domingue , conſidérant que l'interprétation de la loi eſt un attribut eſſentiel & excluſif du pouvoir légiſlatif : qu'au mépris de ce principe invariable du droit public , le gouverneur de Saint-Domingue s'eſt permis d'interpréter des décrets rendus par l'Aſſemblée nationale les 8 & 28 mars dernier , & ſanctionnés par le Roi.

Conſidérant que c'eſt un acte directement attentatoire à la majeſté de l'Aſſemblée nationale , qui ſeule dans l'empire françois a le droit d'interpréter les lois qu'elle a décrétées.

Conſidérant que c'eſt auſſi une violation manifeſte des droits de la partie françoiſe de Saint-Domingue à qui appartient la faculté excluſive d'examiner , modifier & conſentir des lois qui lui ſont deſtinées.

Conſidérant qu'un intermédiaire entre l'Aſſemblée nationale & la partie françoiſe de Saint-Domingue tendroit à briſer les liens intimes & ſacrés qui les uniſſent , & que le vœu des colons eſt de reſſerrer.

Conſidérant que cet acte du pouvoir légiſlatif exercé par l'agent du pouvoir exécutif élève au deſpotiſme un édifice ſur les ruines du deſpotiſme même.

Conſidérant que cette monſtrueuſe réunion des pouvoirs

est absolument inconstitutionelle , & présente l'avenir révoltant du pouvoir arbitraire & de la vexation.

Considérant que la manière avec laquelle cette *déclaration sur interprétation* a été faite est insidieuse & inexacte ; que la publicité indécente & affectée qui lui a été donnée est un renversement absolu des principes sur lesquels reposent la paix & la tranquillité publique.

Considérant que les dispositions dangereuses, consignées dans la déclaration de M. le général en interprétation des décrets des 8 & 28 mars , ne peuvent qu'augmenter les troubles déjà excités par ses autres procédés.

Considérant enfin que le décret du 8 mars déclare criminel envers la nation quiconque travailleroit à exciter des soulèvemens parmi les colons , a déclaré & déclare :

Que M. le comte de Peinier, gouverneur général de Saint-Domingue , s'est rendu coupable :

1° D'usurpation du pouvoir légiflatif.

2° D'attentat contre la majesté de l'Assemblée nationale.

3° De violation des droits de la partie françoise de Saint-Domingue & des principes constitutionnels de l'empire françois.

4° Du crime de despotisme.

En conséquence le dénonce à l'Assemblée nationale , & se réserve de prononcer sur sa conduite ultérieure.

Décrète qu'un exemplaire de sa *déclaration sur interprétation* , & copie de sa lettre d'envoi à l'Assemblée générale en date du 27 du mois dernier, signée & paraphée des officiers en exercice , seront incessamment envoyées avec le présent à l'Assemblée nationale comme pièces de conviction des faits qui lui sont imputés.

Décrète en outre qu'il sera fait à l'Assemblée nationale une dresse expositive des dissensions & des malheurs auxquels la partie françoise de Saint-Domingue est en proie par le fait ludit gouverneur ;

Et fera le préfent publié & affiché partout où befoin fera, avec recommandation, au nom de la patrie, à tous les ci-toyens d'obéir à M. le comte de Peinier en ce qui ne fera pas contraire à l'ordre & à la tranquillité publique.

Saint-Marc, le 5 juillet 1790. *Signé*, le marquis de CADUSCH, BRULLEY, DE PONS.

EXTRAIT des regiftres de l'Affemblée générale de la partie françoife de Saint-Domingue.

Séance du fix juillet mil fept cent quatre-vingt-dix.

UN des membres a fait la motion que le rapport de MM. Brulley, de Cadufch & de Pons fût imprimé.

Sur quoi l'Affemblée générale a arrêté que ce rapport fe-roit envoyé au comité de l'oueft, pour qu'à fa diligence il en foit imprimé quinze cents exemplaires, & réimpreffion en tête de chacun de la Déclaration de M. le comte de Peinier.

Fait en Affemblée générale, à Saint-Marc, lefdits jour & an que deffus.

Signé, BACON DE LA CHEVALERIE, préfident; T. MILLET, vice-préfident; LEGRAND, DE MONTAIGU, TREBUCIEN, fecrétaires.

EXTRAIT d'une lettre de M. le gouverneur général, au comité provincial de l'ouest, en date du 9 juillet 1790.

NOTES sur ladite lettre.

[1] *J'ai déjà observé à deux députés du comité de l'ouest, & je vous observe ici qu'il ne doit point y avoir d'intermédiaire entre le représentant du Roi dans la colonie & l'Assemblée coloniale.*

[2] *Cette Assemblée n'a pas pu méconnoître l'esprit de l'article 3 des instructions du 28 mars ; elle sait qu'elle n'a pas le droit dans ce moment de mettre ses décrets à exécution.*

(1) Le comité de l'ouest représente la municipalité du Port-au-Prince, c'est entre ses mains que le serment civique doit être prêté ; ainsi lorsqu'il demande à M. le comte de Peinier, d'ordonner cette prestation de serment, il n'est pas un corps intermédiaire, mais bien un corps représentant la commune, préposé pour faire exécuter la partie du bien public qui lui est confiée ; & M. de Peinier, qui n'est pas, lui, le représentant du Roi, ne devroit pas ainsi méconnoître les droits d'un corps qui a reçu ses pouvoirs du peuple directement, & dont la nation a fixé les fonctions.

(2) Non certes, l'Assemblée générale ne méconnoît pas l'esprit de l'article 3 des instructions, (qui au reste sont des instructions pour elle) tandis que chaque article devient une loi pour M. le comte de Peinier, du moment que l'Assemblée l'adopte. L'Assemblée, dis-je, loin de méconnoître l'esprit, s'attache à la lettre de l'article 3 ; elle n'a rien fait exécuter avant que la majorité pour sa continuation fût déterminée... mais l'Assemblée rappellera à M. le général la lettre & l'esprit de l'article 14, des mêmes instructions... L'article 15 ayant fixé à quinze jours le délai, après lequel les paroisses doivent faire connoître leur vœu, *l'article 14 enjoint au gouverneur général de le rendre public par l'impression, & de notifier d'une manière particulière ce même résultat à toutes les paroisses de la colonie....* Le vœu de la majeure partie est connu depuis le commencement de juillet ;... où est la manifestation de ce vœu, par la voie de l'impression, & de la part du gouverneur général....?

Est-ce de la négligence? Non ;... dès le 8 juin il avoit fait sa proclamation. Et certes, si le résultat eût été suivant son cœur, il seroit public ; quel caractère pouvons nous donc donner à ce retardement?... M. le comte de Peinier se rejette sans-cesse sur ses devoirs, & sur la responsabilité de l'exécution des décrets & instructions ;... Son devoir lui est tracé par l'article 14, & il ne l'a pas rempli : il falloit qu'il y fût porté par un grand intérêt.... Oui, sans doute, il n'a pas voulu faire connoître d'une manière particulière à chaque paroisse le

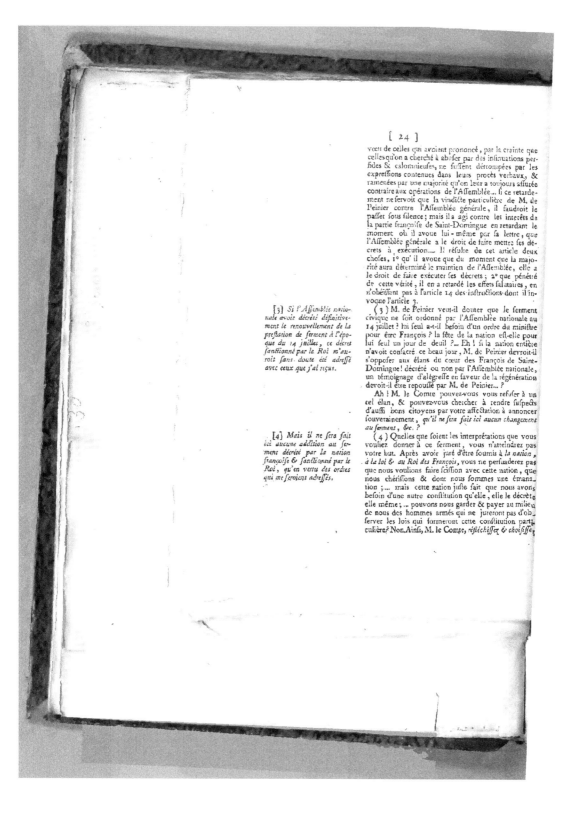

vœu de celles qui avoient prononcé, par la crainte que celles qu'on a cherché à abuser par des insinuations perfides & calomnieuses, ne fussent détrompées par les expressions contenues dans leurs procès verbaux, & ramenées par une majorité qu'on leur a toujours assurée contraire aux opérations de l'Assemblée... si ce retardement ne servoit que la vindicte particulière de M. de Peinier contre l'Assemblée générale, il faudroit le passer sous silence ; mais il a agi contre les intérêts de la partie françoise de Saint-Domingue en retardant le moment où il avoue lui-même par sa lettre, que l'Assemblée générale a le droit de faire mettre ses décrets à exécution..... Il résulte de cet article deux choses, 1° qu'il avoue que du moment que la majorité aura déterminé le maintien de l'Assemblée, elle a le droit de faire exécuter ses décrets ; 2° que pénétré de cette vérité, il en a retardé les effets salutaires, en n'obéissant pas à l'article 14 des instructions dont il invoque l'article 3.

(3) M. de Peinier veut-il douter que le serment civique ne soit ordonné par l'Assemblée nationale au 14 juillet ? lui seul a-t-il besoin d'un ordre du ministre pour être François ? la fête de la nation est-elle pour lui seul un jour de deuil ?... Eh ! si la nation entière n'avoit consacré ce beau jour, M. de Peinier devroit-il s'opposer aux élans du cœur des François de Saint-Domingue ! décrété ou non par l'Assemblée nationale, un témoignage d'alégresse en faveur de la régénération devoit-il être repoussé par M. de Peinier... ?

Ah ! M. le Comte pouvez-vous vous refuser à un tel élan, & pouvez-vous chercher à rendre suspects d'aussi bons citoyens par votre affectation à annoncer souverainement, *qu'il ne sera fait ici aucun changement au serment, &c.* ?

(4) Quelles que soient les interprétations que vous vouliez donner à ce serment, vous n'atteindrez pas votre but. Après avoir juré d'être soumis à *la nation, à la loi & au Roi des François*, vous ne persuaderez pas que nous voulions faire scission avec cette nation, que nous chérissons & dont nous sommes une émanation ;... mais cette nation juste fait que nous avons besoin d'une autre constitution qu'elle, elle le décrète elle même ;... pouvons nous garder & payer au milieu de nous des hommes armés qui ne jureront pas d'observer les lois qui formeront cette constitution particulière? Non. Ainsi, M. le Comte, *réfléchissez & choisissez.*

---

[3] *Si l'Assemblée nationale avoit décrété définitivement le renouvellement de la prestation de serment à l'époque du 14 juillet, ce décret sanctionné par le Roi m'auroit sans doute été adressé avec ceux que j'ai reçus.*

[4] *Mais il ne sera fait ici aucune addition au serment décrété par la nation françoise & sanctionné par le Roi, qu'en vertu des ordres qui me seroient adressés.*

[5] *Vous ne pouvez, dites-vous, Messieurs, déterminer précisément la cause de l'effervescence qui règne dans cette ville depuis quelque tems; c'est, je l'avoue, un grand malheur, mais qui ne peut être attribué en rien aux troupes, dont personne n'ignore que la discipline est maintenue avec la plus grande exactitude. Au reste, il est un moyen de la faire cesser, & je l'ai remis entre vos mains en vous adressant, il y a plus d'un mois, les lettres patentes du Roi sur les décrets de l'Assemblée nationale relatifs à la formation & à la constitution des municipalités. Établissez ici ces assemblées, non pas conformément à l'arrêté de l'Assemblée coloniale du 20 mai sur cet objet, mais d'après les principes qui ont servi de base à l'établissement des municipalités en France.*

[6] *Dites-lui que la prudence & la modération dont je fais preuve, dans ces derniers tems sur-tout, lui son un sûr garant de la bonté de mon cœur & de mon désir inaltérable pour le retour de la paix; dites à tous, Messieurs, que si mon extrême vigilance ne peut prévenir le désordre, les mesures & les précautions que je ne cesserai de prendre en empêcheront les dangereux effets.*

(5) Vous avouez que les municipalités doivent être le rempart contre les troubles journaliers que vous souffrez sous vos yeux : mais quoique l'Assemblée nationale nous autorise à les établir d'une manière convenable à nos localités, vous seul, simple agent du pouvoir exécutif; vous, simplement préposé pour veiller à l'exécution paisible des décrets de l'Assemblée générale, vous vous y opposez formellement : réformateur & interprétateur des loix, vous vous croyez assez fort pour parler en maître à des citoyens, appelés par la nation à régler ce qui intéresse leur bonheur & leur prospérité;.... vous, être éphémère en cette ile, créature d'un ministre ennemi, indifférent au bien d'un pays que vous êtes à chaque instant dans l'intention de quitter; vous vous permettez d'analyser des décrets, parcequ'ils blessent vos prérogatives & les droits de vos adhérens;.... Non, Monsieur le comte, ce sera sans doute la dernière fois que vous vous permettrez de nuancer ainsi vos observations.

(6) Vous vantez votre modération; elle fait, dites-vous, l'éloge de la bonté de votre cœur. ... Nous rendrons, si vous le voulez, justice à vos qualités personnelles, mais votre modération considérée comme qualité civile & politique n'obtiendra pas les mêmes suffrages.

Agent du pouvoir exécutif, soyez impassible & ferme, le pouvoir législatif a seul le droit d'être modéré.

Portez votre vigilance vers le but où elle doit tendre, & songez que c'est du sein de votre palais seul que naît le désordre, & que l'Assemblée générale vous enjoint d'en arrêter au plutôt les dangereux effets.

EXTRAIT des regiſtres de l'Aſſemblée générale de la partie françoiſe de Saint-Domingue.

Séance du quinze juillet mil ſept cent quatre-vingt-dix.

MM. les commiſſaires chargés d'analyſer la lettre de M. le gouverneur général au comité de l'oueſt, ont donné leĉture des notes qu'ils ont rédigées ſur cette lettre : l'Aſſemblée générale a approuvé ces notes , & a arrêté qu'elles feront imprimées à la ſuite du rapport ſur la déclaration & interprétation de M. le gouverneur général.

Fait en Aſſemblée, les jour , mois & an que deſſus.

Signé , BERAULT , préſident ; VALENTIN DE CULLION, vice-préſident ; LEGRAND , TREBUCIEN, DEAUBONNEAU, DENIX , ſecrétaires.

N°. 6.

SUITE

DE LA

CORRESPONDANCE

DE MONSIEUR

GOUVERNEUR GENÉRAL.

AU PORT-AU-PRINCE,

L'IMPRIMERIE DE MOZARD.

1790.

Lightning Source UK Ltd.
Milton Keynes UK
UKHW05f1831010818
326640UK00006B/398/P